Sommer-
gemüse

AUTORIN: IRA KÖNIG | FOTOS: ULRIKE SCHMID, SABINE MADER

Praxistipps

Extra

Rezepte

Sommergemüse – bunte Vielfalt auf dem Teller

Fruchtgemüse Paprika, Tomaten und Auberginen sind die Musketiere der Sommergemüse! Jede Sorte für sich lecker, aber gemeinsam unschlagbar! Zubereitet mit Olivenöl, Knoblauch und südlichen Kräutern die perfekte Besetzung für die Sommertafel. Tomaten nicht im Kühlschrank aufbewahren. Paprika und Auberginen getrennt bei 10–12°.

Kürbisgemüse Zu dieser Untergruppe der Fruchtgemüse gehören Gurken – das perfekte Sommergemüse! Knackig frisch, kalorienarm und leicht zu verarbeiten, geben sie roh und geschmort Salaten, Ragouts oder Sandwiches den Frischekick! Ihre Verwandten, die zarten Zucchini, schmecken auch roh, z. B. auf der Rohkostplatte. Dafür sehr dünn raspeln oder hobeln.

Hülsenfrüchte Sie gehören ebenfalls zum Fruchtgemüse. Frische Bohnen und Erbsen am besten sofort essen. Sie halten sich im Kühlschrank nur 1–2 Tage. Frische Ware erkennt man an knackigen, fleckenlosen Oberflächen.

Blattgemüse Im Sommer ist Spinat ein »schnelles« Gemüse, denn die Stiele sind zart und können mitgegessen werden. Er ist jetzt reich an Mineralstoffen und Vitaminen, deshalb öfter roh genießen, z. B. im Salat. Mangold hat einen delikaten nussigen Geschmack und braucht ein bisschen mehr Vorbereitung: Die Blätter werden wie Spinat kurz gedünstet, die Stiele etwas länger separat gegart.

Kohlgemüse Im Sommer haben Weiß- und Spitzkohl eine zarte Blattstruktur und sind schnell gar. Gesunder Nebeneffekt: Vitamin C bleibt erhalten. Kohlrabi, Blumenkohl, Romanesco und Brokkoli sind auch für Empfindliche gut verträglich. Gelblich verfärbte Ware links liegen lassen. Auch hilfreich: der Geruchstest – Kohl darf nicht nach Kohl riechen!

Zwiebelgemüse Wenn es Zwiebeln, Lauch und Knoblauch nicht gäbe, müsste man sie erfinden! Sie geben vielen Gerichten erst den vollmundigen Geschmack. Aber auch solo machen sie eine gute Figur (S. 24/25) Kühl und dunkel aufbewahren.

Wurzel- und Knollengemüse Diese große Familie reicht von Radieschen und Rettich über Möhren und Fenchel bis zur Kartoffel. Im Sommer kommen sie aus heimischem Anbau und schmecken am besten. Radieschen und Rettich verpackt im Kühlschrank aufbewahren.

Stängelgemüse Hierzu gehört der Staudensellerie, der roh beliebt zum Dippen ist, aber auch warm lecker schmeckt (S. 18/19). Die edlen Artischocken sind fein im Geschmack, dabei ganz einfach in der Zubereitung: In Zitronenwasser weich kochen und in feine Saucen stippen (z. B. Vinaigrette oder Hollandaise). Auch Spargel ist von nobler Herkunft. Wenn er über der Erde wächst, wird er grün und kräftiger im Geschmack. Frischetest für weiße und grüne Exemplare: Die Stangen müssen beim Aneinanderreiben quietschen!

Salatgemüse Jetzt kommen die knackigen Köpfe aus heimischem Freilandanbau und sind deshalb besonders aromatisch. Salat nach dem Waschen trocken schleudern. So verwässert die Salatsauce nicht und alles bleibt knackig!

Fruchtgemüse

Kürbisgemüse

Hülsenfrüchte

Blattgemüse

Kohlgemüse

Zwiebelgemüse

Wurzel- und Knollengemüse

Stängelgemüse

Salatgemüse

Sommergemüse perfekt garen

Kochen Gemüse in kochendem Wasser zu garen – das dürfte wohl die gebräuchlichste und bekannteste Methode sein, um die knackigen Gartenbewohner tellerfein zuzubereiten. Beim Vorbereiten sollte man darauf achten, dass die fertig geputzten Gemüsestückchen alle ungefähr gleich groß bzw. dick sind. Nur so wird die gesamte Gemüseportion auch gleichmäßig gar. Außerdem sollte Gemüse in möglichst wenig Wasser gekocht werden. Nur so bleiben Vitamine und Geschmack optimal erhalten. Dazu am besten ausreichend weite Töpfe wählen und das Gemüse nur knapp mit Wasser bedecken.

Dämpfen Beim Dämpfen wird das geputzte Gemüse in einen Siebeinsatz gelegt und im geschlossenen Topf im aufsteigenden Wasserdampf sanft gegart. Diese Zubereitung dauert etwas länger, ist dafür aber besonders vitaminschonend und kommt ganz ohne Fett aus – außerdem bleibt die schöne Farbe des Gemüses erhalten.

Dünsten In etwas Fett im geschlossenen Topf wird das vorbereitete Gemüse angedünstet. Am besten gelingt das bei schwacher bis mittlerer Hitze. Anschließend kommt ganz wenig Wasser oder Brühe dazu. Wenn man Blattgemüse, z. B. Spinat, tropfnass in den Topf gibt, benötigt man gar keine zusätzliche Flüssigkeit. Dünsten ist sehr aromaschonend, der Gemüsegeschmack kommt voll zur Geltung!

Braten Bei großer Hitze unter Wenden in Fett gebraten bekommt Gemüse intensive Röstaromen und jede Menge Geschmack. Prima für Gemüse mit hohem Wassergehalt, wie Zucchini, Auberginen und Paprika. Mit Knoblauch und gehackten Kräutern kann man so ganz schnell eine leckere Gemüsebeilage zaubern.

Grillen Mit Würzöl bestrichen wird Sommergemüse auf dem Grill zur Delikatesse. Besonders lecker sind wasserreiche Gemüse wie Zucchini, Auberginen, Paprika, Tomaten und Zwiebeln. Am besten und schonendsten gelingt Grillgemüse, wenn man es in Grillschalen legt oder in Alufolie wickelt. Besonders geeignete Kräuter zum Grillen sind: Rosmarin, Thymian und Oregano.

Kräuter vom Mittelmeer

Heimische Kräuter

Kräuter aus Asien

Partnerwahl im Kräutergarten

Lust auf Urlaub? Mit diesen mediterranen Kräutern kein Problem! **Basilikum, Salbei, Thymian, Rosmarin, Oregano, Lavendel** und **Zitronenmelisse** sind wunderbar kräftig im Geschmack und wecken Erinnerungen an Sonne und türkisfarbenes Meer! Sie passen perfekt zu Gemüsesorten wie Paprikaschoten, Zucchini, Auberginen und Tomaten. Aceto balsamico, Olivenöl, Zitronensaft und Knoblauch sind ihre optimale Ergänzung. Auch herzhaft Gegrilltes, Pizza, kräftige Fleisch- und Fischgerichte, Schafkäse und Mozzarella bekommen durch sie den letzten Aromaschliff. Die meisten mediterranen Kräuter sind robust und eignen sich gut zum Mitkochen und Trocknen. Etwas zarter sind Basilikum und Zitronenmelisse – sie harmonieren auch zu jungen Möhren und feinem Kohlrabi. Ihre feinen Blättchen sollten nicht mitkochen, sondern erst kurz vor dem Servieren über die Speisen gestreut oder untergehoben werden.

Kräuter sind heimatverbunden! Dies gilt besonders für die grünen Aromageber aus unseren Breitengraden. Denn **Petersilie, Schnittlauch, Dill, Kerbel, Kresse, Estragon** und **Bohnenkraut** passen besonders gut zu unseren heimischen Gemüsesorten. Zarter Kohlrabi in Kerbelsauce oder ein frischer Gurkensalat mit Dill – köstlich! Aber auch untereinander verstehen sie sich gut. Wie wäre es mit einer üppigen Salatsauce mit Dill, Schnittlauch, Kerbel, Petersilie und Kresse? Herrlich! Oder das Ganze mit Joghurt angerührt zu Grillfleisch oder Tafelspitz? Am besten zieht man die Kräuter im eigenen Garten, auf dem Balkon oder Fensterbrett. Dann sind sie immer griffbreit und man kann nach Lust und Laune zugreifen. Besonders gut klappt die Kräuterzucht mit vorgezogenen Setzlingen aus der Gärtnerei.

Für Köchinnen und Köche mit Fernweh gibt's inzwischen jede Menge aufregenden Kräutergeschmack aus fremden Ländern – vor allem aus Asien. **Thai-Basilikum, Koriander** oder **Minze** geben vielen Gemüsekreationen Raffinesse. Besonders in Verbindung mit Sojasauce, Ingwer und Knoblauch gehen heimischer Spitzkohl, Kohlrabi und Möhre da auch schon mal fremd.

Gemüse davor und dazu

Wenn die Sonne scheint, hat niemand Lust, lange in der Küche zu stehen! Da kommen diese schnellen Snacks, Vorspeisen und Beilagen genau richtig. Die bunten Antipasti-Spieße mit Zucchini, Paprika, Champignons und Grillkäse sind schnell gemacht und schmecken vom Grill genauso gut wie aus dem Ofen!

Antipasti-Spieße mit Estragon-Aioli

2 EL Feigensenf (ersatzweise mittelscharfer Senf)
1 EL Essig (z. B. Balsamico bianco)
4 EL Olivenöl
1 großer gelber oder grüner Zucchino (300 g)
je 1 rote und grüne Paprikaschote
3 Frühlingszwiebeln
6 mittelgroße braune Champignons
250 g Halloumi-Grillkäse
Salz | Pfeffer
300 g Vollmilchjoghurt | 3–4 EL Mayonnaise
1 Knoblauchzehe | 6 Stängel Estragon
Und: Schaschlikspieße

Für 4 Portionen | 40 Min. Zubereitung
Pro Portion ca. 465 kcal, 19 g EW, 39 g F, 9 g KH

1 Backofen auf 250° vorheizen. Senf, Essig und Olivenöl glatt rühren. Gemüse und Frühlingszwiebeln putzen und waschen. Zucchini längs halbieren und in ca. 0,5 cm dicke Scheiben schneiden, Paprika in Stücke schneiden. Von den Frühlingszwiebeln das Grün abschneiden und anderweitig verwenden. Das Weiße in ca. 3 cm lange Stücke schneiden. Pilze putzen, evtl. waschen und halbieren. Den Käse zuerst quer in 8 Scheiben, dann in 16 Stücke schneiden.

2 Die Zutaten auf 8 Schaschlikspieße spießen und mit der Senfmarinade bestreichen, salzen und pfeffern. Ein Backblech mit Alufolie belegen und die Spieße darauf verteilen. Im Ofen (oben, Umluft 220°) 15 Min. braten. Joghurt und Mayonnaise verrühren. Knoblauch schälen und dazupressen. Estragon waschen, trocken schütteln, Blätter abzupfen, hacken und unterrühren. Aioli mit Salz und Pfeffer abschmecken. Alles anrichten.

herzhaft | toll zu Fleisch

Tomatenreis mit Thymian

1 Zwiebel | 1 Knoblauchzehe | 3 EL Olivenöl | 200 g Langkornreis | 650 ml heiße Gemüsebrühe | 400 g Tomaten | 6–7 Zweige Thymian | Salz | Cayennepfeffer | Zucker

Für 4 Portionen | 25 Min. Zubereitung
Pro Portion ca. 270 kcal, 5 g EW, 8 g F, 43 g KH

1 Zwiebel und Knoblauch schälen und fein würfeln. Öl in einem Topf erhitzen, Zwiebel und Knoblauch darin kurz andünsten. Reis dazugeben und kurz mitdünsten. Brühe dazugießen und den Reis bei mittlerer Hitze nach Packungsanweisung garen.

2 Inzwischen die Tomaten kreuzweise einritzen, mit kochendem Wasser überbrühen, häuten und vierteln, die Stielansätze und die Kerne entfernen und das Fruchtfleisch klein würfeln. 5 Min. vor Garzeitende zum Reis geben. Thymian waschen, Blättchen abzupfen, hacken und zum Reis geben. Fertigen Reis mit Salz, Cayennepfeffer und Zucker abschmecken.

schmeckt warm und kalt

Auberginengemüse

750 g Auberginen | 2 Knoblauchzehen | 8 EL Olivenöl | ½ Bio-Zitrone | Salz | Pfeffer | Zucker | 1 Bund glatte Petersilie

Für 4 Portionen | 20 Min. Zubereitung
Pro Portion ca. 215 kcal, 2 g EW, 20 g F, 7 g KH

1 Auberginen putzen, waschen und in ca. 1 cm große Würfel schneiden. Knoblauch schälen und in dünne Scheiben schneiden, mit 6 EL Öl verrühren. Zitronenhälfte waschen und in sehr kleine Stücke schneiden.

2 Restliches Öl in einer beschichteten Pfanne erhitzen. Auberginen und Zitronenstücke ins heiße Öl geben und unter gelegentlichem Rühren 5–8 Min. braten. Mit Salz, Pfeffer und 1 Prise Zucker würzen. Petersilie waschen, trocken schütteln, Blättchen abzupfen und hacken. Petersilie unter das fertige Auberginengemüse heben. Fein als Vorspeise oder als Beilage zu Kurzgebratenem.

edel | zu Fisch, Hähnchen oder Steak

Möhren-Kerbel-Nudeln

Salz | 350 g Möhren | 200 g breite Bandnudeln | 1 Zwiebel | 1 EL Butter | 1 EL Mehl | 200 ml Orangensaft (frisch gepresst) | 100 ml Gemüsebrühe | 150 g Sahne | 50 g Kerbel | Cayennepfeffer

Für 4 Portionen | 35 Min. Zubereitung
Pro Portion ca. 370 kcal, 9 g EW, 15 g F, 50 g KH

1 Reichlich Wasser mit Salz zum Kochen bringen. Die Möhren putzen, schälen und mit einem Sparschäler längs in Streifen hobeln. Nudeln im Salzwasser nach Packungsanweisung garen. Möhren dazugeben, 2–3 Min. mitgaren, alles abgießen und abtropfen lassen.

2 Zwiebel schälen und würfeln. Butter erhitzen und Zwiebel darin andünsten. Mehl darüberstäuben und andünsten. Saft, Brühe und Sahne unterrühren. Alles aufkochen und bei schwacher Hitze ca. 3 Min. köcheln lassen. Kerbel waschen, trocken schütteln, Blätter abzupfen und hacken. Nudeln und Möhren mit der Sauce mischen, mit Salz und Cayennepfeffer abschmecken, Kerbel unterheben.

gelingt leicht | für Gäste

Erbsen in Minzbutter

1 kg Erbsenschoten (ersatzweise 350 g TK-Erbsen) | 250 g Zuckerschoten | Salz | 30 g frischer Ingwer | 1 Zwiebel | 3 Stängel Minze | 3 Stängel Basilikum | 1 Bio-Limette | 2 EL Butter | Zucker | Cayennepfeffer

Für 4 Portionen | 40 Min. Zubereitung
Pro Portion ca. 145 kcal, 6 g EW, 5 g F, 14 g KH

1 Erbsenschoten aufbrechen, die Erbsen aus den Hülsen streifen. Zuckerschoten waschen. Beides in kochendem Salzwasser 6–7 Min. garen. Abgießen und abtropfen lassen. Ingwer und Zwiebel schälen und fein hacken. Kräuter waschen und trocken schütteln. Blätter abzupfen und fein hacken. Die Limette heiß waschen und trocken reiben, die Schale fein abreiben, die Limette halbieren.

2 Die Butter erhitzen, Zwiebel, Ingwer und Limettenschale kurz darin andünsten. Erbsen und Zuckerschoten unterheben. Mit Salz, Zucker und Cayennepfeffer würzen. Kräuter unterheben, mit Salz und Limettensaft abschmecken.

perfekt zum Picknick

Gemüsemuffins

1 Zucchino (200 g) | 1 Möhre (150 g)
1 Zwiebel
1 TL Fenchelsamen
150 g weiche Butter
2 Eier
250 g Mehl | ½ Päckchen Backpulver
150 g Buttermilch
50 g frisch geriebener Bergkäse
1 EL mittelscharfer Senf | 1 TL Salz
Und: 1 Muffinform mit 12 Mulden
Fett und Papierförmchen für die Form

Für 12 Stück
30 Min. Zubereitung | 30 Min. Backen
Pro Portion ca. 215 kcal, 6 g EW, 14 g F, 17 g KH

1 Zucchino und Möhre putzen, waschen, bzw. schälen und sehr klein würfeln. Zwiebel schälen und ebenfalls klein würfeln. Fenchelsamen im Mörser etwas zerstoßen.

2 Backofen auf 200° vorheizen. 25 g Butter erhitzen und die Zwiebel darin andünsten, vom Herd nehmen. Restliche Butter mit den Schneebesen des Handrührgerätes verquirlen. Die Eier unterrühren. Mehl und Backpulver mischen, abwechselnd mit der Buttermilch nach und nach unterrühren. Fenchel, Zwiebel, Käse, Senf und Salz unterrühren. Das Gemüse unterheben.

3 Die Form leicht einfetten und Papierförmchen in die Mulden setzen. Den Teig in die Förmchen geben und die Muffins im Ofen (Mitte, Umluft 180°) 30 Min. goldbraun backen. Kurz abkühlen lassen und aus der Form lösen.

edel | schnell gemacht

Wraps mit Pestogarnelen

100 g Frischkäse
abgeriebene Schale von 1 Bio-Zitrone
1 TL Zitronensaft
Salz | Pfeffer
200 g Salatgurke
8 Salatblätter (z. B. Lollo bianco)
300 g küchenfertige Riesengarnelen (geschält; ohne Kopf und Schwanz)
1 EL Öl
2 EL grünes Pesto (Glas)
4 Tortilla-Wraps (Fertigprodukt)

Für 4 Portionen | 20 Min. Zubereitung
Pro Portion ca. 280 kcal, 20 g EW, 12 g F, 23 g KH

1 Den Frischkäse mit Zitronenschale, Zitronensaft, Salz und Pfeffer verrühren. Die Gurke schälen, der Länge nach vierteln, entkernen und in ca. 10 cm lange Stifte schneiden. Die Salatblätter putzen, waschen und trocken schütteln.

2 Die Garnelen waschen und trocken tupfen. Das Öl erhitzen und die Garnelen darin ca. 2 Min. unter Wenden braten. Mit Salz und Pfeffer würzen. Vom Herd nehmen, kurz abkühlen lassen und mit dem Pesto vermengen.

3 Die Tortilla-Wraps mit dem Zitronenfrischkäse bestreichen. Mit Salatblättern und Gurkenstiften belegen, salzen und pfeffern. Die Garnelen darauf verteilen und die Wraps fest aufrollen. Zum Anrichten die Wraps schräg halbieren oder ganz lassen und in eine Serviette wickeln.

oben: Wraps mit Pestogarnelen | unten: Gemüsemuffins

für Gäste | raffiniert

Tomaten-Aprikosen-Suppe

1 kg große Tomaten
1 große Zwiebel
2 Knoblauchzehen
7 EL Olivenöl
400 ml Gemüsebrühe
500 g Aprikosen
12 Salbeiblätter
Salz | Cayennepfeffer | Zucker

Für 4 Portionen | 45 Min. Zubereitung
Pro Portion ca. 260 kcal, 5 g EW, 18 g F, 18 g KH

1 Die Tomaten kreuzweise einritzen und mit kochendem Wasser übergießen. Nach ca. 1 Min. herausnehmen und kurz abkühlen lassen.

2 Tomaten häuten, vierteln und die Stielansätze entfernen. Zwiebel und Knoblauch schälen und würfeln. 4 EL Öl erhitzen, Zwiebel und Knoblauch darin andünsten, Tomatenviertel dazugeben, die Gemüsebrühe angießen und bei mittlerer Hitze 15 Min. offen köcheln. Inzwischen die Aprikosen waschen, entsteinen und vierteln. Zu den Tomaten geben und mitköcheln lassen.

3 Salbeiblätter waschen, trocken tupfen und große Blätter quer in Streifen schneiden. Die Suppe pürieren, mit Salz, Cayennepfeffer und 1 Prise Zucker abschmecken und warm halten. Das restliche Öl in einer Pfanne erhitzen. Salbei darin 10–15 Sek. frittieren. Auf Küchenpapier abtropfen lassen. Die Suppe anrichten, mit Salbeiöl beträufeln und mit frittiertem Salbei bestreuen.

kalt serviert | erfrischend

Salatsuppe mit Koriander

1 großer Kopfsalat (ca. 500 g)
1 große Zwiebel
3 EL Öl
Schale und Saft von ½ Bio-Zitrone
1 l Gemüsebrühe
1–2 Bund Koriandergrün
200 g Crème fraîche
Salz | Pfeffer
1 Bio-Minigurke
100 g Nordseekrabben

Für 4 Portionen
25 Min. Zubereitung | 1 Std. Auskühlen
Pro Portion ca. 305 kcal, 8 g EW, 29 g F, 5 g KH

1 Den Kopfsalat putzen, waschen und grob zerzupfen. Die Zwiebel schälen und fein würfeln. Das Öl in einem Topf erhitzen, die Zwiebel kurz darin andünsten. Zitronenschale dazugeben und Brühe angießen. Topf vom Herd nehmen.

2 Den Koriander waschen, trocken schütteln und die Blättchen abzupfen. Kopfsalat, Koriander und Crème fraîche portionsweise in die Brühe geben und mit dem Pürierstab fein pürieren (oder alles im Mixer pürieren). Den Zitronensaft dazugeben. Die Suppe mit Salz und Pfeffer abschmecken. Auskühlen lassen.

3 Die Gurke waschen und fein würfeln. Die Krabben waschen und trocken tupfen. Die Suppe in Teller geben und mit den Gurkenwürfeln und Krabben anrichten. Dazu schmeckt Roggenbrot.

oben: Tomaten-Aprikosen-Suppe | unten: Salatsuppe mit Koriander

mexikanisch | super zu Taco-Chips

Erbsen-Avocado-Dip

500 g Erbsenschoten (ersatzweise 200 g TK-Erbsen) | 1 Zwiebel | 2 Knoblauchzehen | 2 EL Olivenöl | Salz | 2 reife Avocados (z. B. Hass) | Saft von ½ Limette | Cayennepfeffer | ½ TL gemahlener Kreuzkümmel

Für 4 Portionen | 35 Min. Zubereitung
Pro Portion ca. 345 kcal, 6 g EW, 32 g F, 9 g KH

1 Die Erbsenschoten aufbrechen und die Erbsen aus den Hülsen streifen. Zwiebel und Knoblauch schälen und würfeln. Das Öl erhitzen, Zwiebel und Knoblauch andünsten. Erbsen dazugeben und knapp mit Wasser bedecken, leicht salzen. Bei mittlerer Hitze 12–15 Min. köcheln, bis die Flüssigkeit fast verdampft ist. Abkühlen lassen.

2 Die Avocados halbieren und entsteinen. Das Fruchtfleisch herauslösen, mit einer Gabel zerdrücken und mit Limettensaft verrühren. Die Erbsen pürieren, mit der Avocadomasse verrühren, mit Salz, Cayennepfeffer, Kreuzkümmel abschmecken.

würzig | gut vorzubereiten

Pilz-Tomaten-Creme

300 g braune Champignons | 1 kleine Zwiebel | 1 Knoblauchzehe | 2 EL Öl | Salz | Pfeffer | 60 g getrocknete Tomaten (in Öl) | 20 g frisch geriebener Parmesan | etwas abgeriebene Schale und Saft von 1 Bio-Zitrone

Für 4 Portionen | 30 Min. Zubereitung
Pro Portion ca. 110 kcal, 4 g EW, 9 g F, 1 g KH

1 Die Pilze putzen, evtl. waschen und in kleine Würfel schneiden. Zwiebel und Knoblauch schälen und fein hacken. Öl in einer Pfanne erhitzen und die Pilzwürfel darin braten, bis sämtliche Flüssigkeit verdampft ist. Zwiebel und Knoblauch kurz mitbraten, salzen und pfeffern. Alles aus der Pfanne nehmen und etwas abkühlen lassen.

2 Die Tomaten abgießen, 1 EL Tomatenöl zur Seite stellen. Tomaten hacken und mit dem Öl zu den Pilzen geben. Alles fein pürieren. Den Parmesan unterrühren und die Creme mit Salz, Pfeffer, Zitronenschale und -saft abschmecken.

frisch | kalorienarm

Pfirsich-Gurken-Salsa

2 Pfirsiche | ½ Salatgurke | 1 Frühlingszwiebel | ½ rote Chilischote | Saft und Schale von ½ Bio-Limette | Salz | 1 TL flüssiger Honig

Für 4 Portionen | 20 Min. Zubereitung
Pro Portion ca. 40 kcal, 1 g EW, <1 g F, 9 g KH

1 Die Pfirsiche waschen, halbieren und entsteinen, das Fruchtfleisch in kleine Würfel schneiden. Gurke schälen, längs halbieren und mit einem Löffel die Kerne herauskratzen. Gurke ebenfalls in kleine Würfel schneiden. Frühlingszwiebel und Chili putzen, waschen und fein würfeln.

2 Limettensaft, -schale, Salz, Honig, Zwiebel und Chili verrühren und mit den Pfirsich- und Gurkenwürfeln vermengen. Das Ganze kurz ziehen lassen. Mit Salz abschmecken.

UND DAZU?

Die Salsa passt perfekt zu gegrilltem oder gebratenem Fisch, Steaks oder Koteletts.

auch fein mit Nudeln

Paprika-Mandel-Creme

100 g gemahlene Mandeln | 2 rote Paprikaschoten | 1 Zwiebel | 2 Knoblauchzehen | 2 EL Öl | Salz | Cayennepfeffer | 3–4 EL Sahne

Für 4 Portionen
25 Min. Zubereitung | 45 Min. Auskühlen
Pro Portion ca. 240 kcal, 6 g EW, 22 g F, 5 g KH

1 Mandeln in einer Pfanne ohne Fett unter Rühren rösten, bis sie duften, dann herausnehmen. Paprika putzen, waschen und mit einem Sparschäler schälen. Paprika fein würfeln. Zwiebel und Knoblauch schälen und fein würfeln.

2 Das Öl erhitzen, Zwiebel, Knoblauch und Paprikawürfel darin andünsten. Mit Salz und Cayennepfeffer würzen. 150 ml Wasser dazugeben. Alles aufkochen und köcheln, bis das Wasser fast verdampft ist. Mandeln und Sahne dazugeben und alles fein pürieren. Die Creme mit Salz und Cayennepfeffer abschmecken und auskühlen lassen.

ungewöhnlich | preiswert

Sellerie mit Semmelkruste

750 g Stangensellerie | Salz
1 Zwiebel
50 g Butter
abgeriebene Schale von ½ Bio-Zitrone
Pfeffer
100 ml Gemüsebrühe | 4 EL Crème fraîche
3 EL Semmelbrösel
3 Stängel Petersilie

Für 4 Portionen
30 Min. Zubereitung | 30 Min. Backen
Pro Portion ca. 205 kcal, 3 g EW, 17 g F, 10 g KH

1 Den Backofen auf 200° vorheizen. Den Sellerie putzen, waschen und in ca. 3 cm lange Stücke schneiden. Dicke Stücke längs halbieren. In wenig kochendem Salzwasser ca. 3 Min. vorgaren. Abgießen und abtropfen lassen.

2 Die Zwiebel schälen und fein würfeln. Eine Auflaufform (ca. 26 x 16 cm) mit 1 EL Butter fetten. Sellerie, Zwiebel und Zitronenschale vermischen und in die Form geben. Salzen und pfeffern.

3 Die Brühe mit der Crème fraîche glatt rühren und darübergießen. Die Semmelbrösel mit der restlichen Butter verkneten und als Brösel auf dem Gemüse verteilen. Alles im Ofen (Mitte, Umluft 180°) 30 Min. backen. Petersilie waschen, trocken schütteln, Blätter abzupfen und hacken. Petersilie über das fertige Gemüse streuen.

UND DAZU?
Schmeckt lecker zu Reis und kräftigem Fleisch und Fisch, z. B. Lachs, Rind und Lamm.

aromatisch | gelingt leicht

Paprika-Kartoffel-Püree

1,2 kg Kartoffeln | Salz
2 rote Paprikaschoten
1 Zwiebel
2 Knoblauchzehen
8 EL Öl
1 TL edelsüßes Paprikapulver
1 TL gemahlene Kurkuma
350 ml Gemüsebrühe
Cayennepfeffer

Für 4 Portionen | 40 Min. Zubereitung
Pro Portion ca. 370 kcal, 6 g EW, 21 g F, 39 g KH

1 Kartoffeln schälen, in Stücke schneiden und waschen. In kaltes Wasser mit etwas Salz geben, Wasser aufkochen und die Kartoffeln 10–15 Min. kochen. Abgießen und abtropfen lassen.

2 Paprikaschoten putzen, waschen und in kleine Würfel schneiden. Zwiebel und Knoblauch schälen und grob würfeln. 3 EL Öl in einem Topf erhitzen. Zwiebel und Knoblauch kurz darin andünsten, Paprikapulver und Kurkuma kurz andünsten. Paprikawürfel dazugeben und mitdünsten. Die Brühe angießen und alles 5–8 Min. garen.

3 Kartoffeln dazugeben und das Ganze mit einem Kartoffelstampfer nicht zu fein zerstampfen, dabei das restliche Olivenöl dazugeben. Püree mit Salz und Cayennepfeffer abschmecken.

TIPP – FÜR MEHR
Mit gehackten schwarzen Oliven und etwas zerbröckeltem Schafkäse ist das Püree eine sättigende vegetarische Hauptmahlzeit.

oben: Paprika-Kartoffel-Püree | unten: Sellerie mit Semmelkruste

asiatisch | scharf

Blumenkohl mit Sesam

1 Blumenkohl (ca. 1,2 kg)
Salz
1 große rote Chilischote
2 Knoblauchzehen
1 Bund Frühlingszwiebeln
5 EL Öl
2 EL Sesamsamen
2–3 EL Sojasauce

Für 4 Portionen | 25 Min. Zubereitung
Pro Portion ca. 205 kcal, 7 g EW, 16 g F, 7 g KH

1 Blumenkohl putzen, waschen und in gleichmäßige Röschen teilen. In kochendem Salzwasser ca. 2 Min. garen. Abgießen und abtropfen lassen.

2 Die Chili putzen, entkernen und in dünne Ringe schneiden. Knoblauch schälen und in dünne Scheiben schneiden. Frühlingszwiebeln putzen, waschen und schräg in Stücke schneiden.

3 Das Öl in einer großen Pfanne oder im Wok erhitzen. Chili und Knoblauch kurz darin anbraten. Den Blumenkohl dazugeben und vorsichtig wenden, dabei den Sesam darüberstreuen. Alles ca. 3 Min. bei mittlerer Hitze braten. Die Frühlingszwiebeln dazugeben und kurz mitbraten, das Gemüse mit Sojasauce würzen.

UND DAZU?

Wenn Sie fleischlos essen möchten, Basmatireis mit Ei oder asiatische Weizennudeln zum Blumenkohl servieren. Fleisch- und Fischfans mögen gegrillte oder gebratene Garnelen, Fisch- oder Hähnchenfilets dazu.

schmecken warm und kalt

Geröstete Salzpaprika

5 Paprikaschoten (rot, grün oder gelb)
1 Bio-Zitrone
1 rote Chilischote
2 Zweige Rosmarin
6 Zweige Thymian
2 Knoblauchzehen
8 EL Olivenöl
1 gestrichener TL grobes Salz (z. B. Meersalz)

Für 4 Portionen | 40 Min. Zubereitung
Pro Portion ca. 225 kcal, 2 g EW, 20 g F, 8 g KH

1 Backofen auf 250° (Umluft 220°) vorheizen. Paprikaschoten halbieren, putzen, waschen und gut trocken tupfen. Längs mit einem Sparschäler die Haut entfernen. Schoten auf der Arbeitsfläche flach drücken.

2 Die Zitrone heiß waschen, trocken reiben und die Schale fein abreiben. Zitrone halbieren und eine Hälfte auspressen. Chilischote waschen, putzen und klein schneiden. Kräuter waschen, trocken schütteln, Nadeln und Blättchen abzupfen und hacken. Knoblauch schälen.

3 Öl und Zitronensaft verrühren. Knoblauch dazupressen und unterrühren. Die Hälfte vom Zitronenöl mit den gehackten Kräutern verrühren. Die andere Hälfte mit Zitronenschale und Chili verrühren. Die Hälfte der Paprika im Zitronenchiliöl, die andere Hälfte im Kräuteröl wenden. Auf ein mit Folie ausgelegtes Backblech oder auf Alu-Grillschalen verteilen. Restliches Öl darüberträufeln, Gemüse salzen. Im Ofen (oben) 15 Min. backen. Dabei einmal wenden.

oben: Blumenkohl mit Sesam | unten: Geröstete Salzpaprika

kleine Brote ganz groß

Dreierlei Sommer-Bruschette

Hier könnte sie stattfinden – die berühmte Schlacht am kalten Büfett! Denn von diesen kleinen Kostbarkeiten werden Ihre Gäste nicht genug bekommen können.

Für alle Rezepte:
1 großes Baguette
3 Knoblauchzehen
3 EL Olivenöl

Für die Erdbeer-Bruschette:
200 g Erdbeeren
5 Stängel Basilikum
1 TL Aceto balsamico
80 g Ricotta (ca. ⅓ Becher)

Für die Räucherlachs-Bruschette:
170 g Ricotta (ca. ⅔ Becher)
1 TL Wasabi (japan. Meerrettich, Tube)
Salz
3 Scheiben Räucherlachs
30 g Rucola
½ Kästchen Kresse
1 TL Zitronensaft

Für die Chili-Rosmarin-Bruschette:
½ rote Chilischote | 1 Zweig Rosmarin
5 EL Öl
1 EL Pinienkerne | Salz
1 TL flüssiger Honig

Für 4–6 Portionen | 40 Min. Zubereitung
Bei 6 Portionen pro Portion ca. 415 kcal, 14 g EW, 23 g F, 38 g KH

1 Das Baguette in 24 Scheiben schneiden. Den Knoblauch schälen und die Brotscheiben vorsichtig damit einreiben. 3 EL Olivenöl mit einem Backpinsel auf die Brote streichen.

2 Für die Erdbeer-Bruschette die Erdbeeren waschen, putzen und klein würfeln. Basilikum waschen, trocken schütteln, die Blätter abzupfen und klein hacken. Erdbeeren und Basilikum mischen.

3 Für die Räucherlachs-Bruschette 80 g Ricotta und Wasabi verrühren und salzen. Den Räucherlachs in Streifen schneiden. Rucola putzen, waschen, trocken schütteln und grob hacken. Die Kresse abschneiden. Backofengrill vorheizen.

4 Für die Chili-Rosmarin-Bruschette die Chili putzen, waschen und in sehr dünne Ringe schneiden. Rosmarin waschen, trocken schütteln und die Nadeln abzupfen. Das Öl erhitzen und Chili, Rosmarin und Pinienkerne 3–4 Min. anbraten. Salzen und vom Herd nehmen.

5 Die Brotscheiben auf den Rost legen und unter dem heißen Grill 1–2 Min. goldbraun rösten. Sie sollen außen knusprig und innen noch weich sein. Herausnehmen und etwas abkühlen lassen. Den restlichen Ricotta auf 16 Brotscheiben verteilen.

6 Wasabicreme, Rucola, Kresse und Lachs auf 8 bestrichenen Brotscheiben verteilen und mit Zitronensaft beträufeln. Erdbeersalat mit Aceto balsamico abschmecken und auf 8 bestrichenen Brotscheiben verteilen. Auf den übrigen unbestrichenen Brotscheiben die Chili-Rosmarin-Mischung verteilen und mit Honig beträufeln.

oben und unten rechts: Erdbeer-Bruschette | Mitte: Räucherlachs-Bruschette | unten links: Chili-Rosmarin-Bruschette

erfrischend | gelingt leicht

Kaltes Tomatengemüse

800 g Flaschentomaten
5 kleine Schalotten
1 TL Fenchelsamen
1 gestrichener TL Salz (z. B. Meersalz)
Zucker
3 EL Olivenöl
3 Knoblauchzehen
1 TL Aceto balsamico
Pfeffer

Für 4 Portionen
30 Min. Zubereitung | 40 Min. Auskühlen
Pro Portion ca. 115 kcal, 2 g EW, 8 g F, 8 g KH

1 Den Backofen auf 200° vorheizen. Die Tomaten waschen und längs halbieren, die Stielansätze entfernen. Die Schalotten schälen und längs halbieren. Fenchelsamen, Salz, ½ TL Zucker und das Öl verrühren.

2 Tomaten, Schalotten und die ungeschälten Knoblauchzehen in der Fettpfanne des Backofens verteilen und mit dem Gewürzöl vermengen. 5 EL Wasser darüberträufeln. Alles im Ofen (Mitte, Umluft 180°) 20 Min. backen, nach 10 Min. wenden.

3 Das Tomatengemüse herausnehmen und sofort mit dem Aceto balsamico beträufeln. Auskühlen lassen, dabei einmal wenden. Mit Salz, Pfeffer und Zucker abschmecken.

UND DAZU?

Diese erfrischende Beilage passt perfekt zu Mozzarella, Ricotta oder Schafkäse, aber auch zu gegrilltem Lamm oder Rindersteaks.

herzhaft | preiswert

Marinierte Zwiebeln

800 g große Zwiebeln (z. B. rote)
2 EL trockener Weißwein (ersatzweise Brühe)
1 EL Essig (z. B. Weißweinessig)
Salz | Pfeffer
1 EL flüssiger Honig
6 EL Olivenöl
2 EL Ajvar (scharfe Paprikapaste, Glas)

Für 4–6 Portionen | 50 Min. Zubereitung
Bei 6 Portionen pro Portion ca. 150 kcal, 2 g EW, 10 g F, 14 g KH

1 Den Backofen auf 220° vorheizen. Zwiebeln schälen und in ca. 1 cm dicke Scheiben schneiden. Wein, Essig, 1 TL Salz, Pfeffer, Honig und 3 EL Öl verrühren.

2 Ein Backblech mit Alufolie auslegen. Die Hälfte der Marinade aufstreichen und die Zwiebelscheiben darauf verteilen. Restliche Marinade auf die Zwiebeln streichen. Ziehen lassen, bis der Ofen vorgeheizt ist.

3 Die Zwiebeln im Ofen (oben, Umluft 200°) 35–40 Min. backen. Ajvar und restliches Öl verrühren und nach 20 Min. Backzeit auf die Zwiebeln streichen. Den Ofen 5 Min. vor Backzeitende auf Grillfunktion schalten und die Zwiebeln unter dem heißen Grill fertig backen.

UND DAZU?

Die Zwiebeln schmecken zu deftigen Fleischsorten wie Hack-, Lamm- oder Nackensteaks. Fein sind sie auch kalt auf einer Vorspeisenplatte.

oben: Kaltes Tomatengemüse | unten: Marinierte Zwiebeln

Salate zum Sattessen

Der Sommer ist die beste Zeit für wunderbare Salate! Ob als leichtes Mittagessen oder knackige Beilage zu Gegrilltem – Paprika, Gurke und frische Minze bringen hier jede Menge Sommerfrische. Wenn Sie diesen feinen Salat als knackige Beilage zu Fleisch servieren möchten, lassen Sie die Putenbrust einfach weg!

Paprika-Gurken-Salat mit Putenbrust

600 g Paprikaschoten (rot, gelb und grün)
1 Bio-Salatgurke (600 g)
1 kleine Zwiebel
3 EL Essig (z. B. Apfelessig)
Salz | Pfeffer
½ TL Zucker
3 EL Öl
6–8 Stängel Minze
150 g Schmant
300 g geräucherte Putenbrust (am Stück)

Für 4 Portionen | 40 Min. Zubereitung
Pro Portion ca. 280 kcal, 21 g EW, 18 g F, 8 g KH

1 Die Paprika putzen, waschen und in dünne Streifen schneiden. Die Gurke waschen und nach Belieben längs halbieren. Die Kerne nach Belieben mit einem Löffel herauskratzen. Die Gurke in dünne Scheiben schneiden. Die Zwiebel schälen, halbieren und in sehr feine Scheiben schneiden.

2 Den Essig mit Salz, Pfeffer und Zucker verrühren, das Öl unterrühren. Die Minze waschen, trocken schütteln, die Blätter abzupfen, hacken und mit dem Schmant verrühren. Mit Salz und Pfeffer würzen. Das Gemüse, die Zwiebelscheiben und die Vinaigrette vermischen.

3 Die Putenbrust in kleine Würfel schneiden und unterheben. Den Minz-Dip in Klecksen auf dem Salat verteilen. Den Salat sofort servieren.

TIPP – FÜR MEHR

Der Salat reicht für 4–6 Personen, wenn Sie 150 g Blattsalat unterheben.

lässt sich vorbereiten | macht satt

Italienischer Nudelsalat

60 g Pinienkerne
250 g kurze Nudeln (z. B. Fusilli)
Salz | Pfeffer
3 Eier
1 Stange Lauch
300 g Zucchini
4–5 EL Olivenöl
3 EL Weißweinessig
Zucker
1 EL Feigensenf (ersatzweise mittelscharfer Senf)
50 g Parmesan (am Stück)

Für 4 Portionen
30 Min. Zubereitung | 30 Min. Abkühlen
Pro Portion ca. 580 kcal, 22 g EW, 31 g F, 54 g KH

1 Die Pinienkerne in einer Pfanne ohne Fett goldbraun rösten und abkühlen lassen. Die Nudeln in kochendem Salzwasser nach Packungsanweisung garen. Die Eier ca. 10 Min. hart kochen.

2 Lauch und Zucchini putzen und waschen. Lauch in Ringe schneiden, Zucchini längs halbieren und in Scheiben schneiden. 1–2 EL Öl erhitzen. Lauch und Zucchini darin bei mittlerer Hitze 8–10 Min. unter Wenden braten, salzen und pfeffern.

3 Essig, Salz, Pfeffer, Zucker und den Senf verrühren. 3 EL Olivenöl unterrühren. Nudeln und Eier abgießen und abschrecken. Nudeln abtropfen lassen. Gemüse, Nudeln, Pinienkerne und Vinaigrette vermengen. Abkühlen lassen. Parmesan in Spänen darüberhobeln und den Salat abschmecken. Eier pellen, vierteln und unter den Salat heben.

besonders | für Gäste

Möhrensalat vom Blech

1 kg Möhren
5 Zweige Thymian
5 EL Olivenöl
Salz | Pfeffer | Zucker
50 g Sonnenblumenkerne
3 EL Essig (z. B. Balsamico bianco)
2 TL Quitten- oder Apfelgelee (ersatzweise Honig)
2 Knoblauchzehen
100 g Rucola
150 g Feta (Schafkäse)

Für 4 Portionen | 50 Min. Zubereitung
Pro Portion ca. 335 kcal, 12 g EW, 25 g F, 15 g KH

1 Backofen auf 200° vorheizen. Möhren putzen, schälen und schräg in 3–4 mm dünne Scheiben schneiden. Thymian waschen, trocken schütteln, Blättchen abzupfen und hacken. Möhren mit 3 EL Öl und dem Thymian vermengen. Mit Salz, Pfeffer und Zucker würzen und auf einem Backblech verteilen. Im Ofen (Mitte, Umluft 180°) ca. 15 Min. backen, dabei einmal wenden.

2 Inzwischen die Sonnenblumenkerne in einer Pfanne ohne Fett goldbraun rösten, herausnehmen. Essig, Salz, Pfeffer und das Gelee verrühren. Knoblauch schälen und dazupressen. Restliches Öl unterschlagen.

3 Möhren aus dem Ofen holen und kurz abkühlen lassen. Rucola putzen, waschen und trocken schütteln. Die Vinaigrette mit den Möhren vermengen und kurz ziehen lassen. Mit Salz und Pfeffer abschmecken. Rucola und Sonnenblumenkerne unterheben. Salat anrichten und den Feta darüberbröckeln.

oben: Italienischer Nudelsalat | unten: Möhrensalat vom Blech

frisch | raffiniert

Salat mit Camembert

3 Frühlingszwiebeln
3 EL Essig (z. B. Himbeeressig)
75 ml warme Gemüsebrühe
Salz | Pfeffer | Zucker
10 EL Olivenöl
150 g Rucola
1 Kopf Sommersalat (z. B. Kopfsalat, Eisberg oder Lollo bianco; ca. 200 g)
½ Bio-Salatgurke (200 g)
250 g Himbeeren
400 g Wassermelone
300 g Camembert

Für 4 Portionen | 50 Min. Zubereitung
Pro Portion ca. 325 kcal, 18 g EW, 22 g F, 14 g KH

1 Die Frühlingszwiebeln putzen, waschen und das Grün beiseitelegen. Den Rest fein hacken und mit Essig, Brühe, Salz, Pfeffer und Zucker verrühren. Das Öl unterrühren.

2 Rucola und Salat putzen, waschen und trocken schleudern. Salat etwas kleiner zupfen. Die Gurke waschen und in dünne Scheiben hobeln. Die Himbeeren verlesen. Die Melone schälen und klein würfeln. Zwiebelgrün in dünne Ringe schneiden.

3 Vinaigrette und Salat vorsichtig vermengen. Den Salat anrichten und mit Zwiebelringen bestreuen. Camembert klein schneiden und auf dem Salat verteilen. Dazu schmeckt Baguette.

AUSTAUSCH-TIPP

Der Salat schmeckt auch mit Schafkäse, Ricotta oder Mozzarella sehr gut!

fein | kalorienarm

Spargel-Blumenkohl-Salat

1 Blumenkohl (ca. 1 kg)
600 g grüner Spargel | Salz
1 Zwiebel
1 EL Öl
80 ml Gemüsebrühe
2 EL Essig (z. B. Weißweinessig)
1 TL Zucker
2 EL Crème fraîche | 2 EL Mayonnaise
2 EL mittelscharfer Senf (z. B. körniger)
1 Bund Estragon (ca. 30 g)
Pfeffer

Für 4 Portionen | 50 Min. Zubereitung
Pro Portion ca. 165 kcal, 7 g EW, 11 g F, 8 g KH

1 Den Blumenkohl putzen und in kleine Röschen teilen. Das untere Drittel der Spargelstangen schälen und die Enden abschneiden. Spargel schräg in 4 cm lange Stücke schneiden. Beide Gemüse waschen und abtropfen lassen. Reichlich Wasser mit Salz zum Kochen bringen.

2 Die Zwiebel schälen und fein hacken. Das Öl erhitzen und die Zwiebel kurz darin andünsten. Brühe und Essig dazugeben, alles aufkochen und vom Herd nehmen.

3 Das Gemüse ins kochende Salzwasser geben. Sobald das Wasser wieder kocht, Gemüse 4–5 Min. garen. Abgießen, kalt abschrecken und gut abtropfen lassen. Essigsud, Zucker, Crème fraîche, Mayonnaise und Senf verrühren. Estragon waschen, trocken schütteln, Blätter abzupfen und hacken. Salatsauce und Estragon verrühren, mit dem Gemüse vermengen und mit Salz und Pfeffer abschmecken.

oben: Spargel-Blumenkohl-Salat | unten: Salat mit Camembert

Reisnudelsalat mit Spitzkohl und Omelett

So macht Kochen Spaß – der zarte Spitzkohl wird hier nur mit kochendem Wasser übergossen – so bleibt er schön knackig und gesunde Inhaltstoffe gehen nicht verloren.

Salz | 1 Spitzkohl (ca. 600 g) | 250 g asiatische Reisnudeln | abgeriebene Schale und Saft von ½ Bio-Limette | 8 EL süßsaure Sauce | ½ TL Sambal oelek | 4 EL Sesamöl | 5 Eier | 1 EL Sojasauce | 1 Bund Koriandergrün | 3 Frühlingszwiebeln | 4–6 EL gesalzene, geröstete Erdnüsse

Für 4 Portionen | 40 Min. Zubereitung
Pro Portion ca. 560 kcal, 20 g EW, 25 g F, 64 g KH

1 Reichlich Wasser mit Salz zum Kochen bringen. Den Spitzkohl putzen, halbieren und den Strunk entfernen. Kohl in feine Streifen schneiden, waschen und in einem großen Sieb abtropfen lassen.

2 Die Nudeln nach Packungsanweisung in Salzwasser garen und mit dem Kochwasser über den Spitzkohl in das Sieb gießen. Abtropfen lassen.

3 Limettensaft und -schale, süßsaure Sauce, Salz und Sambal oelek verrühren. 3 EL Sesamöl unterrühren. Nudeln und Kohl mit der Sauce vermengen. Die Eier mit der Sojasauce verrühren. Das restliche Sesamöl in einer beschichteten Pfanne erhitzen. Eiermasse bei schwacher Hitze darin stocken lassen. Vom Herd nehmen und in Stücke schneiden.

4 Koriander waschen, trocken schütteln, Blätter abzupfen und hacken. Frühlingszwiebeln putzen, waschen und in feine Ringe schneiden. Salat mit Salz abschmecken. Mit Omelett, Koriander, Frühlingszwiebeln und Erdnüssen anrichten.

TIPP – FÜR MEHR

Braten Sie 200 g Riesengarnelen mit etwas Ingwer und Salz. So wird der Salat zu einer besonderen Vorspeise für 4–6 Personen.

schnell | macht satt

Tomaten-Bohnen-Salat

1 Zwiebel | 1 Knoblauchzehe | 3 EL Essig (z. B. Apfelessig) | 3 EL Apfelsaft | Salz | Pfeffer | 4 EL Olivenöl | 1 Dose weiße Bohnen (850 ml) | 2 Stangen Staudensellerie | 500 g Tomaten | 8 Stängel Zitronenmelisse

Für 4 Portionen | 30 Min. Zubereitung
Pro Portion ca. 310 kcal, 14 g EW, 11 g F, 38 g KH

1 Zwiebel und Knoblauch schälen. Zwiebel fein würfeln. Essig, Apfelsaft, Salz und Pfeffer verrühren. Zwiebel untermischen und Knoblauch dazupressen. Das Öl unterrühren.

2 Die Bohnen in ein Sieb geben, abspülen und abtropfen lassen. Den Sellerie putzen, waschen und in kleine Würfel schneiden. Die Tomaten waschen, vierteln und den Stielansatz entfernen. Die Zitronenmelisse waschen, Blätter abzupfen und grob hacken. Alle Zutaten mit der Vinaigrette mischen. Salat abschmecken und sofort servieren.

lecker zu Grillfleisch

Brokkolisalat »Caprese«

50 g Sonnenblumenkerne | 1 kg Brokkoli | Salz | 2 EL Essig (z. B. Apfelessig) | 50 ml warme Gemüsebrühe | 1 Knoblauchzehe | 100 g getrocknete Tomaten (in Öl) | 3 EL Olivenöl | 125 g Mozzarella | 50 g frisch gehobelter Parmesan

Für 4 Portionen | 35 Min. Zubereitung
Pro Portion ca. 350 kcal, 19 g EW, 26 g F, 6 g KH

1 Sonnenblumenkerne ohne Fett goldbraun rösten und abkühlen lassen. Brokkoli putzen, waschen und in Röschen teilen. In kochendem Salzwasser 3–4 Min. garen. Abgießen, kalt abschrecken und abtropfen lassen.

2 Essig, Salz und Brühe verrühren. Knoblauch schälen und dazupressen. Tomaten abtropfen lassen, in Streifen schneiden, das Öl auffangen. Tomatenöl und Olivenöl unter die Vinaigrette rühren. Mozzarella klein würfeln. Brokkoli, Vinaigrette, Tomaten und Mozzarella vermengen, salzen und mit Parmesan und Sonnenblumenkernen bestreuen.

besonders | gelingt leicht

Gemüse-Couscous-Salat

2 rote Paprikaschoten
500 g breite Bohnen (Stangenbohnen)
1 Zwiebel
1 walnussgroßes Stück Ingwer
3 EL Öl | Salz
350 ml Gemüsebrühe
200 g Instant-Couscous
3 Stängel Bohnenkraut
300 g Vollmilchjoghurt
Pfeffer | Saft von ½ Zitrone
Zucker
1 Bund Dill

Für 4 Portionen | 40 Min. Zubereitung
Pro Portion ca. 350 kcal, 9 g EW, 11 g F, 49 g KH

1 Die Paprika putzen, waschen und in Stücke schneiden. Die Bohnen putzen, waschen und in 4–5 cm lange Stücke schneiden. Zwiebel und Ingwer schälen und fein würfeln.

2 Das Öl in einem Topf erhitzen und die Paprika darin zugedeckt unter gelegentlichem Wenden 6–7 Min. kräftig anbraten. Salzen und herausnehmen. Zwiebel und Ingwer im heißen Fett andünsten, die Brühe angießen. Die heiße Brühemischung über den Couscous gießen und quellen lassen.

3 Die Bohnen mit Bohnenkraut in kochendem Salzwasser 6–8 Min. garen. Abgießen, abschrecken und abtropfen lassen. Joghurt mit Salz, Pfeffer, Zitronensaft und Zucker würzen. Dill waschen, fein hacken und unter den Joghurt rühren. Couscous mit einer Gabel auflockern und mit Paprika, Bohnen und dem Joghurt anrichten.

lässt sich gut vorbereiten

Curry-Reissalat

200 g Langkornreis
Salz
1 kg Erbsenschoten (oder 350 g TK-Erbsen)
600 g Kohlrabi
100 g Mandelstifte
1 EL Erdnusscreme (Glas)
2 EL Mayonnaise
150 g saure Sahne
1 TL Currypulver
Saft von ½ Zitrone
1 TL flüssiger Honig
3 Frühlingszwiebeln

Für 4 Portionen | 45 Min. Zubereitung
Pro Portion ca. 550 kcal, 19 g EW, 25 g F, 65 g KH

1 Reis in kochendem Salzwasser nach Packungsanweisung garen. Erbsenschoten aufbrechen und die Erbsen aus den Hülsen streifen. Kohlrabi schälen und in ca. 1 cm große Würfel schneiden. Gemüse in kochendem Salzwasser 6–8 Min. garen. Reis und Gemüse abgießen und kalt abschrecken. Abtropfen lassen.

2 Die Mandelstifte ohne Fett goldbraun rösten, vom Herd nehmen. Erdnusscreme, Mayonnaise, saure Sahne und 1 EL warmes Wasser glatt rühren, mit Currypulver, Zitronensaft und Honig würzen. Frühlingszwiebeln putzen, waschen und in dünne Ringe schneiden.

3 Reis, Gemüse und Currysauce vorsichtig vermengen und kurz ziehen lassen. Mit Salz abschmecken und mit Mandeln und Frühlingszwiebeln anrichten.

oben: Curry-Reissalat | unten: Gemüse-Couscous-Salat

Gemüse als Hauptsache

Wer Gemüse langweilig findet, hat diese Köstlichkeit sicherlich noch nicht probiert! Hier schmoren Spinat, Tomaten, Feta und Kichererbsen. Saftige Aprikosen geben fruchtige Sommersüße. Und das Beste: Sie packen nur die Zutaten ein, und die restliche Arbeit macht Ihr Backofen oder Grill für Sie. Guten Appetit!

Orientalische Gemüsepäckchen

2 Dosen Kichererbsen (à 425 ml)
300 g Blattspinat
250 g Kirschtomaten
200 g Aprikosen
2 EL Feigensenf (ersatzweise mittelscharfer Senf)
100 ml kräftige Gemüsebrühe
1 EL flüssiger Honig
3 EL Olivenöl
1 Knoblauchzehe
4 EL Crème fraîche
150 g Feta (Schafkäse)
Und: Backpapier | Küchengarn

Für 4 Portionen
40 Min. Zubereitung | 30 Min. Backen
Pro Portion ca. 520 kcal, 20 g EW, 23 g F, 57 g KH

1 Backofen auf 200° vorheizen. Backpapier in vier ca. 30 × 40 cm große Stücke schneiden und die schmalen Enden mit Küchengarn so zusammenbinden, dass offene Päckchen entstehen. Kichererbsen in einem Sieb abspülen und gut abtropfen lassen. Spinat verlesen, waschen und abtropfen lassen. Tomaten waschen und halbieren, Aprikosen waschen, halbieren, entsteinen und in Spalten schneiden.

2 Senf, Brühe, Honig und Olivenöl verrühren. Knoblauch schälen und dazupressen. Erbsen und Spinat in die Päckchen geben und Tomaten und Aprikosenspalten darauf verteilen. Alles gleichmäßig mit der angerührten Brühemischung übergießen. Crème fraîche darauf verteilen, Feta darüberbröckeln. Die Päckchen im Ofen (Mitte, Umluft 180°) 30 Min. backen. Dazu schmeckt Fladenbrot.

macht satt | tolle Kombi

Nudeln mit dicken Bohnen

1,3 kg dicke Bohnen (ca. 500 g netto)
1 Fenchelknolle | 2 Knoblauchzehen | Salz
3 EL Olivenöl
100 g dünn geschnittene Salami
(z. B. Fenchelsalami)
200 ml Gemüsebrühe
100 ml trockener Weißwein (ersatzweise Brühe)
100 g Sahne
1 EL Zitronensaft | Pfeffer
250 g kurze Nudeln (z. B. Penne)
5–6 Stängel Petersilie

Für 4 Portionen | 1 Std. Zubereitung
Pro Portion ca. 550 kcal, 20 g EW, 25 g F, 61 g KH

1 Bohnenschoten aufbrechen und die Bohnen herauslösen. Fenchel putzen, waschen und in feine Streifen schneiden. Knoblauch schälen und fein hacken. Bohnen in kochendem Salzwasser 6–8 Min. garen, abgießen und abschrecken. Öl in einer beschichteten Pfanne erhitzen. Salami knusprig auslassen und auf Küchenpapier abtropfen lassen.

2 Knoblauch im heißen Wurstfett andünsten. Fenchel dazugeben und ca. 5 Min. braten. Brühe, Wein und Sahne angießen, aufkochen und alles 5–7 Min. bei mittlerer Hitze offen köcheln lassen. Mit Zitronensaft, Salz und Pfeffer würzen. Vom Herd nehmen.

3 Nudeln in reichlich Salzwasser nach Packungsangabe garen. Bohnen aus der Haut drücken. Petersilie waschen, trocken schütteln, Blätter abzupfen und hacken. Nudeln abgießen und mit der Fenchelsauce vermischen. Bohnen und Petersilie unterheben, erhitzen. Mit Salz und Pfeffer abschmecken und mit den Salamichips anrichten.

raffiniert | für Gäste

Bandnudeln mit Brokkoli

750 g Erbsenschoten (ersatzweise
250 g TK-Erbsen)
500 g Brokkoli
1 Zwiebel | 2 Knoblauchzehen
Salz | 300 g Bandnudeln
5 EL Olivenöl | 250 ml Gemüsebrühe
250 g Ricotta | Saft von ½ Zitrone
1 große rote Chilischote
6–8 Stängel Zitronenthymian

Für 4 Portionen | 1 Std. Zubereitung
Pro Portion ca. 580 kcal, 24 g EW, 22 g F, 71 g KH

1 Erbsenschoten aufbrechen und die Erbsen aus den Hülsen streifen. Brokkoli putzen, waschen und in Röschen teilen. Zwiebel und Knoblauch schälen und fein würfeln. Reichlich Wasser mit Salz zum Kochen bringen. Erbsen hineingeben und ca. 12 Min. garen. Nudeln rechtzeitig dazugeben und nach Packungsanweisung mitgaren. Erbsen und Nudeln abgießen und wieder in den Topf geben.

2 2 EL Öl in einem Topf erhitzen. Zwiebel und Knoblauch kurz darin andünsten. Brokkoli dazugeben, die Brühe angießen und alles zugedeckt ca. 10 Min. bei mittlerer Hitze garen. Vom Herd nehmen. 125 g Ricotta dazugeben, alles fein pürieren und mit Salz und Zitronensaft abschmecken.

3 Chili putzen, waschen, entkernen und in feine Ringe schneiden. Restliches Öl erhitzen und Chili darin andünsten. Zitronenthymian waschen, trocken schütteln, Blätter abzupfen und hacken. Die Sauce mit den Nudeln locker vermengen und nochmals erwärmen. Nudeln anrichten, restlichen Ricotta, Chiliöl und Zitronenthymian darübergeben.

oben: Nudeln mit dicken Bohnen | unten: Bandnudeln mit Brokkoli

gelingt leicht | besonders

Ofengemüse mit Polenta

Perfekt für entspannte Köchinnen und Köche: einfach alle Zutaten klein schneiden und ab in den Ofen – Sie können es sich schon mal auf dem Balkon bequem machen.

1 Aubergine
2 Zucchini
2 Paprikaschoten (z. B. gelb und rot)
1 Fenchelknolle
1 Bund Frühlingszwiebeln
3 Zweige Rosmarin
10 EL Olivenöl
Salz | Pfeffer
1 l Gemüsebrühe
100 ml Anisbrand (z. B. Pernod) oder Orangensaft
1 TL Zucker
1 EL Zitronensaft
300 g Kirschtomaten
200 g feiner Maisgrieß (Polenta)
50 g frisch geriebener Parmesan
50 g getrocknete Tomaten (in Öl)
150 g Camembert

Für 4 Portionen | 1 Std. Zubereitung
Pro Portion ca. 680 kcal, 21 g EW, 41 g F, 50 g KH

1 Backofen auf 200° vorheizen. Aubergine und Zucchini putzen, waschen und in 1 cm dicke Scheiben schneiden. Paprika putzen, waschen, halbieren und jede Hälfte längs in 3 Spalten schneiden. Fenchel putzen, längs halbieren und den Strunk entfernen. Fenchelhälften in 1 cm dicke Streifen schneiden. Frühlingszwiebeln putzen, waschen und in grobe Stücke schneiden. Rosmarin waschen und trocken schütteln.

2 Gemüse, Zwiebeln und die Rosmarinzweige in die Fettpfanne des Backofens oder eine große Auflaufform geben und mit 8 EL Öl, Salz und Pfeffer vermengen. Im Ofen (Mitte, Umluft 180°) 40–45 Min. garen. Dabei gelegentlich wenden.

3 150 ml Gemüsebrühe mit Pernod oder Orangensaft, Zucker und Zitronensaft verrühren. Nach 15 Min. die Hälfte der Brühe-Pernod-Mischung zum Gemüse gießen, die andere Hälfte beiseitestellen. Die Tomaten waschen und halbieren oder vierteln und auf dem Gemüse verteilen.

4 Die restliche Gemüsebrühe aufkochen und die Polenta unter Rühren einrieseln lassen. Aufkochen und auf der ausgeschalteten Herdplatte ca. 10 Min. quellen lassen. Parmesan und das restliche Olivenöl unter die heiße Polenta rühren. Öfter umrühren.

5 Getrocknete Tomaten abtropfen lassen, das Öl dabei auffangen. Tomaten in Streifen schneiden. 5 Min. vor Garzeitende die Tomaten samt Öl unter das Gemüse mischen. Alles mit Salz und Pfeffer abschmecken und die restliche Brühe-Pernod-Mischung angießen. Den Camembert würfeln und auf dem Gemüse verteilen. Die Grillfunktion einschalten und alles unter dem heißen Grill fertig backen. Ofengemüse mit Polenta anrichten.

GETRÄNKETIPP

Dazu schmeckt ein kühler Rosé.

für Gäste | mit Fleisch

Gefüllte Paprikaschoten

150 g ausgelöstes gekochtes Kasselerkotelett
1 Zwiebel | 6 EL Olivenöl
4 Paprikaschoten (z. B. rot, gelb, orange)
750 g kleine neue Kartoffeln
75 g mittelalter Gouda (am Stück)
500 g Magerquark | 3 Eigelb
Salz | Pfeffer
2 große Zweige Rosmarin
300 g Vollmilchjoghurt | Zucker
abgeriebene Schale von 1 Bio-Zitrone

Für 4 Portionen
30 Min. Zubereitung | 40 Min. Backen
Pro Portion ca. 575 kcal, 39 g EW, 30 g F, 36 g KH

1 Kasseler klein würfeln. Zwiebel schälen und würfeln. 2 EL Öl erhitzen, Kasseler kräftig anbraten. Zwiebel kurz mitbraten, vom Herd nehmen. Paprika quer halbieren und putzen, den Stielansatz stehen lassen. Waschen und abtropfen lassen. Kartoffeln waschen, trocken tupfen und quer halbieren. Paprika und Kartoffeln in der Fettpfanne verteilen.

2 Backofen auf 200° vorheizen. Gouda reiben. Quark, Eigelbe, Kasseler und Gouda verrühren, salzen und pfeffern. Die Masse in den Paprikahälften verteilen. Rosmarin waschen, trocken schütteln, Nadeln abzupfen, hacken und mit 2 EL Öl und Salz verrühren. Rosmarinöl auf den Kartoffeln verteilen. Alles im Ofen (Mitte, Umluft 180°) 35 Min. backen. Auf Grillfunktion umschalten und das Blech 5 Min. unter den Grill schieben. Joghurt mit Salz, Pfeffer und Zucker würzen. Zitronenschale und das restliche Öl unterrühren. Paprika und Rosmarinkartoffeln mit Zitronenjoghurt anrichten.

mit Fleisch | macht was her

Mangold-Nocken

1 kg Mangold
2 Knoblauchzehen | 5 EL Olivenöl | Salz
100 g geräucherter durchwachsener Speck
1 große Zwiebel
500 g Kirschtomaten | 250 ml Tomatensaft
100 g Sahne
2 EL Ajvar (scharfe Paprikapaste)
150 g Mehl | 60 g Semmelbrösel
200 g frisch geriebener Parmesan | 2 Eier

Für 4 Portionen | 80 Min. Zubereitung
Pro Portion ca. 827 kcal, 35 g EW, 55 g F, 44 g KH

1 Mangold putzen und waschen. Stiele fein würfeln. Knoblauch schälen, hacken. 3 EL Öl erhitzen. Knoblauch darin andünsten. Mangoldstiele und 75 ml Wasser dazugeben und salzen. Bei mittlerer Hitze 10 Min. garen. Mangoldblätter dazugeben und beides offen ca. 5 Min. weitergaren, bis die Flüssigkeit verdampft ist. Etwas abkühlen lassen.

2 Speck würfeln, Zwiebel schälen und würfeln. Tomaten waschen und halbieren. 2 EL Öl erhitzen, den Speck darin auslassen. Zwiebel dazugeben und mitdünsten. Tomaten, Tomatensaft, Sahne und Ajvar dazugeben. Aufkochen, salzen und bei schwacher Hitze 10 Min. köcheln lassen. Mangold pürieren und mit Mehl, Semmelbröseln und 150 g Parmesan mischen. Die Eier unterrühren und alles zu einem glatten Teig verrühren, salzen. Wasser mit Salz in einem weiten Topf zum Kochen bringen. Mit Esslöffeln ca. 20 Nocken formen und im siedenden Wasser in 8 Min. gar ziehen lassen. Nocken herausheben, abtropfen lassen, mit Sauce anrichten und mit dem restlichen Parmesan bestreuen.

oben: Mangold-Nocken | unten: Gefüllte Paprikaschoten

mit Fleisch | raffiniert

Tacotopf mit grünen Bohnen

Taco-Chips und eine spezielle Gewürzmischung geben diesem sättigenden Eintopf die exotische Note – lecker dazu: eiskaltes mexikanisches Bier!

25 g Taco-Chips
2 EL Röstzwiebeln (Fertigprodukt)
8 Kardamomkapseln
1 TL edelsüßes Paprikapulver
½ TL gemahlener Kümmel
400 g Rindergulasch
4 EL Öl
Salz | Pfeffer
1 EL Tomatenmark
500 g grüne Bohnen
3 Stängel Bohnenkraut (ersatzweise
1 TL getrocknetes)
800 g Kartoffeln
1 TL Honig
Tabasco
frisch geriebene Muskatnuss
Und: 1 kleiner Gefrierbeutel

Für 4 Portionen | 2 Std. Zubereitung
Pro Portion ca. 445 kcal, 24 g EW, 20 g F, 40 g KH

1 Chips und Röstzwiebeln in einen Gefrierbeutel geben und fein zerbröseln. Kardamomkapseln aufbrechen und die Samen im Mörser fein zermahlen. Alles mit Paprikapulver und Kümmel vermengen.

2 Gulasch evtl. etwas kleiner schneiden. Öl in einem Topf erhitzen und das Gulasch in zwei Portionen darin kräftig anbraten, salzen und pfeffern, herausnehmen. Tomatenmark und Chips-Zwiebel-Mischung im heißen Öl kurz andünsten. Fleisch wieder dazugeben und 600 ml heißes Wasser angießen. Das Fleisch zugedeckt bei mittlerer Hitze ca. 1 Std. 15 Min. schmoren.

3 Bohnen putzen, waschen und in Stücke schneiden. In kochendem Salzwasser mit dem Bohnenkraut 10–12 Min. garen. Abgießen und abtropfen lassen.

4 Kartoffeln schälen, waschen und in Würfel schneiden. 15 Min. vor Ende der Garzeit zum Fleisch geben und mitgaren. Ab und zu vorsichtig umrühren. Bohnen zum fertigen Tacotopf geben und kurz erhitzen. Alles mit Honig, Tabasco und Muskat abschmecken.

UND DAZU?

Taco-Chips und Koriander-Schmant: Dafür 150 g Schmant mit 3 EL Vollmilchjoghurt verrühren. 1 Bund Koriandergrün waschen, trocken schütteln, Blätter abzupfen und fein hacken. Abgeriebene Schale von ½ Bio-Zitrone und den Koriander unter den Schmant rühren. Mit Salz und Pfeffer abschmecken.

mit Fleisch | toll fürs Buffet

Ratatouillepizza mit Ziegenkäse

Wenn Sie in diese Pizza beißen, fühlen Sie sich wie Gott in Frankreich! Denn hier geben Ziegenkäse, knuspriger Speck, Lavendel und Honig dem Gemüse die nötige Raffinesse!

300 g Mehl | 1 Päckchen Trockenhefe | Salz | 4 EL Olivenöl | 600 g Tomaten | 1 Zwiebel | 2 Knoblauchzehen | 6–7 Zweige Thymian | Pfeffer | 1 Zucchino (200 g) | 1 gelbe Paprikaschote | 1 EL flüssiger Honig | 1 TL getrocknete Lavendelblüten (nach Belieben) | 50 g Frühstücksspeck (in Scheiben) | 150 g Ziegenkäserolle
Und: Öl für das Backblech

Für 4 Portionen
1 Std. Zubereitung | 25 Min. Backen
Pro Portion ca. 615 kcal, 21 g EW, 30 g F, 64 g KH

1 Mehl, Hefe, 1 TL Salz, 150 ml lauwarmes Wasser und 2 EL Olivenöl zu einem Teig verkneten und zugedeckt an einem warmen Ort 50 Min. gehen lassen.

2 Tomaten waschen, vierteln und den Stielansatz entfernen. Zwiebel und Knoblauch schälen und hacken. Thymian waschen, trocken schütteln, die Blätter abzupfen und hacken. 2 EL Öl erhitzen, Knoblauch und Zwiebel darin andünsten. Tomaten und Thymian dazugeben, 10 Min köcheln, salzen und pfeffern.

3 Backofen auf 200° vorheizen. Zucchino putzen, waschen und längs in dünne Scheiben schneiden. Paprika waschen, putzen, halbieren und in schmale Streifen schneiden. Den Honig mit 1 EL heißem Wasser und den Lavendelblüten verrühren. Den Speck in Stücke schneiden.

4 Den Teig nochmals durchkneten und auf einem geölten Backblech oval ausrollen. Tomatensauce darauf verstreichen. Gemüse und Speck auf der Tomatensauce verteilen, den Ziegenkäse darüberbröckeln. Die Honigmischung darüberträufeln. Pizza im Ofen (Mitte, Umluft 180°) ca. 25 Min. backen.

mit Schinken | preiswert

Zucchini-Nudel-Omelett

250 g dünne Bandnudeln | Salz | 500 g Zucchini | 100 g frisch geriebener Parmesan | 100 g Sahne | 5 Eier | Pfeffer | 10 Scheiben Schwarzwälder Schinken (ca. 100 g)

Für 4 Portionen
30 Min. Zubereitung | 30 Min. Backen
Pro Portion ca. 565 kcal, 33 g EW, 26 g F, 51 g KH

1 Nudeln in kochendem Salzwasser nach Packungsanweisung garen. Abgießen und abtropfen lassen. Zucchini putzen, waschen und längs in dünne Scheiben hobeln, Reste fein würfeln. Den Backofen auf 200° vorheizen.

2 Parmesan bis auf 2 EL mit der Sahne und den Eiern verrühren, salzen und pfeffern. Den Boden einer ofenfesten Form (28 cm Ø) mit Backpapier auslegen. Schinken, Zucchinischeiben und Nudeln zu Nestern drehen und in der Form verteilen. Zucchiniwürfel und Eiersahne darüber verteilen, mit 2 EL Parmesan bestreuen und im Ofen (Mitte, Umluft 180°) 25–30 Min. backen.

für Gäste | mit Fisch

Fenchel-Tomaten-Auflauf

1 kg Fenchel | 500 g Kirschtomaten | 7 EL Olivenöl | Salz | Pfeffer | 100 g Sahne | 1 EL Aceto balsamico | 3 Zweige Thymian | 2 Stängel glatte Petersilie | 1 Knoblauchzehe | 500 g Lachsfilet

Für 4 Portionen
35 Min. Zubereitung | 25 Min. Backen
Pro Portion ca. 565 kcal, 31 g EW, 28 g F, 25 g KH

1 Backofen auf 200° vorheizen. Fenchel putzen, waschen, vom Strunk befreien und in 5 mm dicke Scheiben schneiden. Tomaten waschen, halbieren.

2 5 EL Öl nach und nach in einer Pfanne erhitzen. Fenchel darin portionsweise auf beiden Seiten goldbraun braten. Fenchel und Tomaten in eine Auflaufform (ca. 26 x 16 cm) schichten, salzen und pfeffern. Sahne und Essig darüber verteilen. Kräuter waschen, hacken und mit 2 EL Öl, Salz und Pfeffer verrühren. Knoblauch schälen, dazupressen und verrühren. Lachs in vier Stücke schneiden, im Würzöl wenden. Auf den Fenchel setzen und alles im Ofen (Mitte; Umluft 180°) 25 Min. backen.

mit Fleisch | orientalisch

Auberginenlasagne

Diesen beliebten Klassiker haben wir in den Orient entführt – raffiniert gewürzt mit Mandeln und aromatischem Zimt.

700 g Auberginen
1 Zwiebel | 2 Knoblauchzehen
450 g Tomaten | 5 EL Olivenöl | Salz
500 g Rinderhackfleisch
Pfeffer | ½ TL Zimtpulver
125 g Mozzarella
300 g Crème fraîche
50 g ungeschälte Mandelkerne
100 g Lasagneplatten (ohne Vorkochen)

Für 4 Portionen
40 Min. Zubereitung | 35 Min. Backen
Pro Portion ca. 940 kcal, 44 g EW, 73 g F, 28 g KH

1 Die Auberginen putzen, waschen und längs in ca. 5 mm dicke Scheiben schneiden. Zwiebel und Knoblauch schälen und würfeln. Tomaten waschen und in Scheiben schneiden, dabei den Stielansatz entfernen.

2 Nach und nach 4 EL Öl in einer großen Pfanne erhitzen und die Auberginenscheiben darin portionsweise pro Seite ca. 1 Min. braten, salzen und herausnehmen. 1 EL ÖL in die heiße Pfanne geben, Hackfleisch darin krümelig braten. Zwiebel und Knoblauch dazugeben und kurz mitbraten. Alles mit Salz, Pfeffer und Zimt würzen. Vom Herd nehmen.

3 Backofen auf 200° vorheizen. Mozzarella in Scheiben schneiden. Crème fraîche verrühren. Mandeln grob hacken. 3 EL Crème fraîche auf dem Boden einer Auflaufform verteilen. Die Hälfte der Auberginenscheiben, die Hälfte der Hackmasse und die Hälfte der Lasagneplatten darauf verteilen. Die Hälfte der Crème fraîche aufstreichen und mit der Hälfte der Tomaten belegen, salzen. Die restlichen Zutaten genauso einschichten. Mozzarella darauf verteilen und mit den Mandeln bestreuen. Lasagne im Ofen (Mitte, Umluft 180°) ca. 35 Min. backen.

VARIANTE – FISCH-WEISSKOHL-LASAGNE

750 g Weißkohl und 1 Stange Lauch putzen und waschen, den Kohl entstrunken und in Streifen schneiden, Lauch in dünne Ringe schneiden. 1 Knoblauchzehe schälen und fein hacken. 3 EL Olivenöl in einem weiten Topf erhitzen und Gemüse darin ca. 10 Min. unter Wenden zugedeckt schmoren. Knoblauch unterheben und 5 Min. mitschmoren. Mit Salz, Pfeffer, 1 EL Zitronensaft und 1 Prise Zucker würzen. 40 g Butter erhitzen und 30 g Speisestärke darin andünsten. 300 ml warme Gemüsebrühe und 300 ml Milch unterrühren und aufkochen. Die abgeriebene Schale einer Bio-Zitrone einrühren. Sauce ca. 5 Min. köcheln, salzen und pfeffern. 400 g Fischfilet (z. B. Rotbarschfilet) in Stücke schneiden. 100 g Lasagneplatten (ohne Vorkochen) bereitlegen. Etwas Sauce in der Auflaufform verteilen und mit einigen Lasagneplatten belegen. Mit der Hälfte des Kohls bedecken und diesen mit der Hälfte der Fischstücke belegen. Die restlichen Zutaten genauso einschichten und mit Lasagneplatten und Sauce abschließen. 100 g halbierte Kirschtomaten darauf verteilen. Mit 1 EL Semmelbrösel bestreuen. Lasagne im vorgeheizten Ofen bei 200° (Mitte, Umluft 180°) 35–40 Min. backen.

mit Fleisch | für Gäste

Schmorgurken-Lammtopf

1 große Zwiebel | 2 Knoblauchzehen
5 EL Olivenöl
1 kg Lammgulasch (beim Metzger vorbestellen)
Salz
2 Lorbeerblätter
1 kg Schmorgurken
1 Bund Dill | 1 Bund Schnittlauch
250 g Crème fraîche
1 EL Mehl
Pfeffer

Für 4–6 Portionen | 75 Min. Zubereitung
bei 6 Portionen pro Portion ca. 470 kcal, 37 g EW, 33 g F, 6 g KH

1 Zwiebel und Knoblauch schälen und würfeln. Öl in einem Topf erhitzen. Gulasch darin portionsweise anbraten, salzen und herausnehmen. Zwiebel und Knoblauch zur letzten Fleischportion geben und mitbraten. Alles Fleisch wieder in den Topf geben, Lorbeer dazugeben. Ca. 600 ml Wasser angießen, sodass das Fleisch knapp bedeckt ist. Bei mittlerer Hitze 1 Std. zugedeckt schmoren.

2 Schmorgurken nach Belieben schälen und längs halbieren. Kerne herauskratzen. Gurken quer in ca. 1 cm dicke Scheiben schneiden. Kräuter waschen, trocken schütteln, vom Dill die Blätter abzupfen. Dill hacken, Schnittlauch in Röllchen schneiden. Crème fraîche und Mehl glatt rühren.

3 Nach 50 Min. Garzeit Gurken und Crème-fraîche-Mischung unter das Fleisch rühren und mitköcheln lassen. Zum Schluss Kräuter dazugeben und mit Salz und Pfeffer abschmecken. Dazu schmeckt Reis.

mit Fleisch | mögen Männer

Barbecue aus dem Ofen

800 g mittelgroße Kartoffeln
6 EL Olivenöl
3 EL Barbecuesauce (Fertigprodukt)
2 große Zwiebeln
500 g Spitzpaprika (rot und weiß)
6 Stängel Oregano | Salz
2 Knoblauchzehen
500 g Rinderhackfleisch | 1 Ei
1 EL mittelscharfer Senf
½ TL edelsüßes Paprikapulver
Und: Öl für das Backblech

Für 4 Portionen
35 Min. Zubereitung | 40 Min. Backen
Pro Portion ca. 600 kcal, 35 g EW, 37 g F, 30 g KH

1 Kartoffeln schälen, waschen, trocken tupfen und längs halbieren. 2 EL Öl mit der Barbecuesauce verrühren, Kartoffeln damit vermengen.

2 Backofen auf 200° vorheizen. Zwiebeln schälen und in dicke Ringe schneiden. Spitzpaprika putzen, waschen, halbieren und entkernen. Oregano waschen, trocken schütteln, Blätter abzupfen und hacken. 4 EL ÖL, ½ TL Salz und Oregano verrühren. Paprika innen und außen mit Kräuteröl bestreichen.

3 Den Knoblauch schälen und zum Hackfleisch pressen. ½ TL Salz, Ei, Senf und Paprika dazugeben und alles verkneten. Den Hackteig zu 8 Hacksteaks formen. Die Fettpfanne des Backofens fetten. Kartoffeln, Paprika und Zwiebeln darauf verteilen. Hacksteaks daraufsetzen. Alles im Ofen (Mitte, Umluft 180°) 20 Min. backen, 100 ml Wasser darübergeben und weitere 20 Min. backen.

oben: Schmorgurken-Lammtopf | unten: Barbecue aus dem Ofen

toll fürs Sommerbüfett

Tomaten-Mozzarella-Kuchen

Zugegeben – ein wenig Arbeit macht dieses Prachtstück schon – aber das Ergebnis lässt alle Mühen vergessen! Das feine Tomatenaroma kommt lauwarm am besten zur Geltung.

280 g Mehl
4 Eier
Salz
1 EL fein gehackte Sommerkräuter
(z. B. Rosmarin, Thymian, Oregano) oder
1 TL getrocknete italienische Kräuter
250 g kalte Butter
750 g Tomaten
2 Knoblauchzehen
1 Zweig Rosmarin
2 EL Olivenöl
130 g Ciabattabrot
200 g Crème fraîche
50 g frisch geriebener Parmesan
Pfeffer
250 g Mozzarella
2–3 Stängel Basilikum zum Garnieren
Und: Mehl für die Arbeitsfläche
1 Springform (26 cm Ø)

Für 4–6 Portionen
45 Min. Zubereitung | 45 Min. Backen
bei 6 Portionen pro Portion ca. 890 kcal, 25 g EW, 65 g F, 50 g KH

1 Das Mehl, 1 Ei, 1 EL kaltes Wasser, ½ TL Salz, die Kräuter und die Butter in Stückchen zu einem glatten Teig verkneten und zugedeckt kalt stellen.

2 Die Tomaten waschen, den Stielansatz herausschneiden und die Tomaten in ca. 1 cm dicke Scheiben schneiden. Knoblauch schälen, Rosmarin waschen und trocken tupfen. Das Öl in einer beschichteten Pfanne erhitzen. Knoblauch und Rosmarin darin kurz andünsten. Die Pfanne mit Tomatenscheiben auslegen, die Tomaten salzen und von jeder Seite 10–15 Sek. braten. Herausheben und auf einen Teller legen. Restliche Tomaten ebenso braten.

3 Das Ciabattabrot in 3–4 mm dünne Scheiben schneiden. Die Crème fraîche mit den restlichen Eiern glatt rühren. Den Parmesan unterrühren. Die Eiermasse mit Salz und Pfeffer würzen. Den Mozzarella abtropfen lassen und in Scheiben schneiden.

4 Den Backofen auf 200° vorheizen. Den Teig auf einer bemehlten Arbeitsfläche etwas größer als die Form ausrollen. Teig in eine Springform (26 cm Ø) geben und dabei einen ca. 4 cm hohen Rand formen. Teigboden mit Ciabattascheiben dicht belegen, salzen und pfeffern.

5 Zuerst einige Tomatenscheiben, dann einige Mozzarellascheiben dicht an dicht auf das Brot legen. Mit den restlichen Brotscheiben und den restlichen Tomatenscheiben belegen und mit Mozzarella abschließen. Die Eiermasse gleichmäßig über den Kuchen gießen.

6 Den Kuchen im Ofen (Mitte, Umluft 180°) 45 Min. backen. Kuchen aus dem Ofen nehmen und ca. 10 Min. ruhen lassen. In Stücke schneiden und mit frischem Basilikum garnieren.

mit Fleisch | raffiniert

Paprikanudeln mit Minze

400 g Rinderfilet
3 große rote Paprikaschoten
1 Zwiebel | 2 Knoblauchzehen
4 EL Olivenöl
Salz | Pfeffer
1 TL Tomatenmark
350 g Bandnudeln
6–8 Stängel Minze
Zitronensaft

Für 4 Portionen | 40 Min. Zubereitung
Pro Portion ca. 555 kcal, 34 g EW, 15 g F, 70 g KH

1 Das Fleisch in dünne Streifen schneiden. Paprika putzen, waschen und in 5 mm dünne Ringe schneiden. Zwiebel und Knoblauch schälen. Zwiebel halbieren und in Ringe schneiden, Knoblauch hacken.

2 2 EL Öl erhitzen, Fleisch portionsweise darin anbraten, salzen, pfeffern und herausnehmen. Restliches Öl in die heiße Pfanne geben, Paprika darin ca. 3 Min. anbraten, salzen und pfeffern. Zwiebel und Knoblauch dazugeben und kurz mitbraten. Paprika herausnehmen, Tomatenmark im heißen Fett andünsten. Unter Rühren 250 ml heißes Wasser dazugießen. Paprika wieder dazugeben und offen bei mittlerer Hitze 5–6 Min. garen.

3 Nudeln nach Packungsanweisung im kochenden Salzwasser garen. Minze waschen, trocken schütteln, Blätter abzupfen und hacken. Das Fleisch unter die Paprika heben und erwärmen. Alles mit Zitronensaft, Salz und Pfeffer abschmecken. Nudeln abgießen und abtropfen lassen, mit Paprika und Fleisch vermengen und mit Minze bestreuen.

mit Fleisch | kräuterfrisch

Buntes Wokgemüse

400 g Putenschnitzel
1 Kohlrabi (500 g)
300 g Möhren
1 walnussgroßes Stück Ingwer
1 Knoblauchzehe
1 Bund Frühlingszwiebeln
4 EL Öl
Salz | Pfeffer
8–10 Stängel Zitronenmelisse
2 EL Crème fraîche

Für 4 Portionen | 40 Min. Zubereitung
Pro Portion ca. 270 kcal, 27 g EW, 14 g F, 7 g KH

1 Das Fleisch waschen, trocken tupfen und in Streifen schneiden. Kohlrabi und Möhren schälen und waschen. Kohlrabi würfeln, Möhren in dünne Scheiben schneiden. Ingwer und Knoblauch schälen und hacken. Die Frühlingszwiebeln putzen, waschen und klein schneiden.

2 Im Wok 2 EL ÖL erhitzen. Fleisch darin portionsweise anbraten, salzen, pfeffern und herausnehmen. Restliches Öl im heißen Wok erhitzen. Ingwer und Knoblauch darin andünsten. Gemüse dazugeben und kurz andünsten. Salzen und pfeffern und 200 ml Wasser angießen. Alles zugedeckt 10–12 Min. garen. Frühlingszwiebeln nach 5 Min. dazugeben und mitgaren.

3 Die Zitronenmelisse waschen, trocken schütteln, die Blättchen abzupfen und hacken. Crème fraîche unter das Gemüse rühren und das Fleisch dazugeben. Alles aufkochen und mit Salz und Pfeffer abschmecken. Zitronenmelisse unterheben.

oben: Buntes Wokgemüse | unten: Paprikanudeln mit Minze

preiswert | ungewöhnlich

Tomaten-Kapern-Nudeln

400 g breite Bandnudeln
Salz
750 g Kirschtomaten
1 große Zwiebel
2 Knoblauchzehen
1 Bio-Zitrone
2 Gläser kleine Kapern (à 50 g)
2 EL Öl
Pfeffer
Zucker
100 g Butter

Für 4 Portionen | 40 Min. Zubereitung
Pro Portion ca. 650 kcal, 14 g EW, 27 g F, 79 g KH

1 Die Nudeln in einem großen Topf in kochendem Salzwasser nach Packungsanweisung garen. Inzwischen die Tomaten waschen und halbieren. Zwiebel und Knoblauch schälen. Zwiebel würfeln, Knoblauch in feine Scheiben schneiden. Die Zitrone waschen, trocken reiben und die Schale in dünnen Spänen abziehen oder auf einer Küchenreibe fein abreiben. Zitrone halbieren und 1 Hälfte auspressen. Kapern abtropfen lassen.

2 Nudeln abgießen und abtropfen lassen. Öl im Nudeltopf erhitzen. Knoblauch und Zwiebel darin andünsten. Tomaten dazugeben und mitdünsten. 100 ml Wasser angießen und mit Salz, Pfeffer und 1 Prise Zucker würzen. Nudeln unterheben.

3 Inzwischen die Butter bei schwacher Hitze schmelzen lassen. Zitronenschale, -saft und Kapern dazugeben, salzen und pfeffern. Tomatennudeln abschmecken und mit der Kapern-Zitronen-Butter anrichten.

saftig | mit Fleisch

Spinat-Omelett

1 Zwiebel
2 Knoblauchzehen
400 g Blattspinat
150 g Kirschtomaten
100 g Edamer (am Stück)
3 EL Öl
300 g gemischtes Hackfleisch
Salz | Cayennepfeffer
edelsüßes Paprikapulver
6 Eier

Für 4 Portionen
30 Min. Zubereitung | 30 Min. Garen
Pro Portion ca. 485 kcal, 35 g EW, 37 g F, 2 g KH

1 Zwiebel und Knoblauch schälen und fein hacken. Den Spinat putzen, waschen und abtropfen lassen. Die Tomaten waschen und halbieren. Den Edamer in kleine Würfel schneiden.

2 In einer beschichteten Pfanne (28 cm ∅) 2 EL Öl erhitzen. Das Hackfleisch darin krümelig braten. Zwiebel dazugeben und kurz mitbraten. Mit Salz, Cayennepfeffer und Paprika würzen und herausnehmen. Knoblauch im heißen Fett kurz andünsten. Spinat tropfnass dazugeben und zusammenfallen lassen. Salzen und garen, bis die Flüssigkeit völlig verdampft ist. Die Eier verquirlen und salzen.

3 Spinat, Hackfleisch und Tomaten vorsichtig vermengen. Restliches Öl in der heißen Pfanne erhitzen. Verquirlte Eier in die heiße Pfanne geben. Spinat-Hack-Masse sofort darauf verteilen. Mit Käse bestreuen. Das Omelett bei schwacher Hitze offen 25–30 Min. stocken lassen.

oben: Spinat-Omelett | unten: Tomaten-Kapern-Nudeln

AUSGEWÄHLT VON DER GU-KOCHBUCHREDAKTION

französich inspiriert | schmeckt lauwarm und kalt

Auberginen-Cake

Das Sieger-Rezept des Großen GU-Rezeptwettbewerbs auf küchengötter.de! Mit ihrem sommerlichen Auberginenrezept überzeugte Küchengöttin »Rinquinquin« die Kochbuchredaktion.

800 g Auberginen | 2–3 EL Olivenöl
200 g Zwiebeln | 2 Knoblauchzehen
2 EL Rosinen | 1 kleine rote Chilischote
2 Zweige Thymian | 1 EL provenzalische Kräuter
Salz | Pfeffer
4 Spritzer Crema di Balsamico oder guter Aceto balsamico | 20 schwarze Oliven (entsteint)
4 Eier | 100 g Sahne
Und: Alufolie | Öl | 1 Kastenform (20 cm lang)
Backpapier

Für 6 Portionen
40 Min. Zubereitung | 50 Min. Backen
Pro Portion ca. 230 kcal, 7 g EW, 18 g F, 9 g KH

1 Ein Backblech mit Alufolie belegen und mit Öl bestreichen. Den Backofengrill anschalten. Die Auberginen waschen, putzen und längs in 5 mm breite Scheiben schneiden. Auf dem Blech verteilen, mit 1–2 EL Öl bestreichen und unter dem Grill auf jeder Seite in 8–10 Min. braun grillen.

2 Inzwischen Zwiebeln und Knoblauch schälen und klein würfeln. 1 EL Öl in einem großem Topf erhitzen und beides darin bei schwacher Hitze weich dünsten.

3 Die Auberginen aus dem Ofen holen, klein schneiden und in den Topf geben. Die Rosinen dazugeben. Die Chilischote waschen, putzen, entkernen und ganz fein schneiden. Den Thymian waschen, trocken schütteln und die Blättchen abzupfen. Chili, Thymian, provenzalische Kräuter, Salz und Pfeffer dazugeben und das Ganze mit Balsamico kräftig abschmecken. Die Oliven dazugeben und alles ca. 10 Min. bei schwacher Hitze köcheln lassen, gelegentlich umrühren. Gemüse abkühlen lassen.

4 Den Backofen auf 210° vorheizen. Die Kastenform mit etwas Öl ausstreichen und mit Backpapier auslegen. Die Gemüsemischung mit den Eiern und der Sahne mit dem Pürierstab durchmixen und in die Form geben. Den Cake im Ofen (unten, Umluft 190°) ca. 50 Minuten backen.

PICKNICK-TIPP

Sie können die Cakes auch in einer 12er-Muffinform backen. Die Backzeit reduziert sich dann auf 35–40 Min.

Zum Gebrauch
Damit Sie Rezepte mit bestimmten Zutaten noch schneller finden können, stehen in diesem Register zusätzlich auch beliebte Zutaten wie **Brokkoli** und **Tomaten** – ebenfalls alphabetisch geordnet und hervorgehoben – über den entsprechenden Rezepten.

A

B

C/D

E

F

G

H

I/K

L

M

N/O

P

R

S

T

W

Z

Unsere Garantie

Alle Informationen in diesem Ratgeber sind sorgfältig und gewissenhaft geprüft. Sollte dennoch einmal ein Fehler enthalten sein, schicken Sie uns das Buch mit dem entsprechenden Hinweis an unseren Leserservice zurück. Wir tauschen Ihnen den GU-Ratgeber gegen einen anderen zum gleichen oder ähnlichen Thema um.

Liebe Leserin und lieber Leser,

wir freuen uns, dass Sie sich für ein GU-Buch entschieden haben. Mit Ihrem Kauf setzen Sie auf die Qualität, Kompetenz und Aktualität unserer Ratgeber. Dafür sagen wir Danke! Wir wollen als führender Ratgeberverlag noch besser werden. Daher ist uns Ihre Meinung wichtig. Bitte senden Sie uns Ihre Anregungen, Ihre Kritik oder Ihr Lob zu unseren Büchern. Haben Sie Fragen oder benötigen Sie weiteren Rat zum Thema? Wir freuen uns auf Ihre Nachricht!

Wir sind für Sie da!
Montag – Donnerstag: 8.00 – 18.00 Uhr;
Freitag: 8.00 – 16.00 Uhr
Tel.: 0180-5005054*
Fax: 0180-5012054*
*(0,14 €/Min. aus dem dt. Festnetz/ Mobilfunkpreise max. 0,42 €/Min.)
E-Mail:
leserservice@graefe-und-unzer.de

P.S.: Wollen Sie noch mehr Aktuelles von GU wissen, dann abonnieren Sie doch unseren kostenlosen GU-Online-Newsletter und/oder unsere kostenlosen Kundenmagazine.

GRÄFE UND UNZER VERLAG
Leserservice
Postfach 86 03 13
81630 München

Projektleitung: Sigrid Burghard
Lektorat: Katharina Lisson
Korrektorat: Mischa Gallé
Layout, Typografie und Umschlaggestaltung: independent Medien-Design, Horst Moser, München
Satz: Liebl Satz+Grafik, Emmering
Herstellung: Claudia Labahn
Reproduktion: Wahl Media GmbH, München
Druck: Firmengruppe APPL, aprinta druck, Wemding
Bindung: Firmengruppe APPL, sellier druck, Freising

ISBN 978-3-8338-1835-6

2. Auflage 2010

GRÄFE UND UNZER
Ein Unternehmen der
GANSKE VERLAGSGRUPPE

Die Autorin

Ira König ist freie Food-Journalistin und Kochbuchautorin. Die Hamburgerin ist ein großer Gemüsefan, und so lag die Idee, ein Kochbuch über dieses Thema zu schreiben, sehr nah. Und welche Jahreszeit eignet sich da am besten? Natürlich der Sommer mit seiner bunten Vielfalt an heimischen Gemüse- und Kräutersorten.

Die Fotografinnen

Ulrike Schmid und **Sabine Mader** arbeiten seit Jahren als eingespieltes Team in ihrem Fotostudio **Fotos mit Geschmack** (www.fotos-mit-geschmack.de). Inspiration finden sie auf ihren Reisen und im eigenen Kräuter- und Gemüsegarten. Die Porzellanfabrik Walküre stellte ihnen für diese Produktion Requisiten zur Verfügung.

Bildnachweis

Titelbild: Jörn Rynio, Hamburg; alle anderen Fotos: Fotos mit Geschmack, Alling

Titelbildrezept

Ofengemüse mit Polenta, Seite 40

Syndication:
www.jalag-syndication.de

Die Temperaturangaben bei Gasherden variieren von Hersteller zu Hersteller. Welche Stufe Ihres Herdes der jeweils angegebenen Temperatur entspricht, entnehmen Sie bitte der Gebrauchsanweisung. Bei Elektroherden können die Backzeiten je nach Herd variieren.

Kochlust pur

Die neuen KüchenRatgeber – da steckt mehr drin

ISBN 978-3-8338-0309-3
64 Seiten

ISBN 978-3-8338-1834-9
64 Seiten

ISBN 978-3-8338-1434-1
64 Seiten

ISBN 978-3-8338-1891-2
64 Seiten

ISBN 978-3-8338-1433-4
64 Seiten

ISBN 978-3-8338-0329-1
64 Seiten

Änderungen und Irrtum vorbehalten

Das macht sie so besonders:

- **Neue mmmh-Rezepte** – unsere beste Auswahl für Sie
- **Praktische Klappen** – alle Infos auf einen Blick
- **Die 10 GU-Erfolgstipps** – so gelingt es garantiert

G|U

Willkommen im Leben.

küchengötter.de
powered by G|U

Einfach göttlich kochen und himmlisch speisen?

Die passenden Rezepte, Küchentipps und -tricks

in Wort und Film finden Sie ganz einfach unter:

www.küchengötter.de

Sommerfrische aus dem Kühlschrank

Joghurt, Quark und Frischkäse sind zu schade, um sie nur zu löffeln oder pur aufs Brot zu streichen. Hier kommen raffinierte Rezeptideen mit den kühlen Weißen (für je 4 Portionen).

Pestodip 2 Becher körnigen Frischkäse verrühren und mit Salz und Pfeffer würzen. 1 Bund Basilikum waschen, trocken schütteln, Blätter abzupfen und hacken. 60 g Pinienkerne in einer Pfanne ohne Fett rösten und auskühlen lassen. Basilikum und Frischkäse vermengen. 2 EL Olivenöl darübergeben und mit Pinienkernen bestreuen. Schmeckt pur auf Ciabatta.

Fruchtiger Tomatendip 1 Zwiebel schälen und fein würfeln. 1 EL Öl erhitzen, Zwiebel kurz andünsten, 75 ml Orangensaft angießen. ½ TL körnige Gemüsebrühe und ½ TL Zucker einrühren, alles aufkochen und vom Herd nehmen. 200 g Frischkäse mit 3 EL Vollmilchjoghurt verrühren. ½ Bund Petersilie waschen, Blätter abzupfen und hacken. 50 g getrocknete Tomaten (in Öl) abtropfen lassen und fein hacken. Beides unter den Frischkäse verrühren. Abgekühlte Zwiebelmasse unterrühren. Den Dip mit Cayennepfeffer und Salz abschmecken, ca 30 Min. kalt stellen. Passt zu gekochtem und gegrilltem Gemüse, Eiern, Rindfleisch, Steaks und Frikadellen.

Kräuterdip »grüne Soße« 1 Bund Kräutermischung »grüne Sauce« oder 100 g gemischte Sommerkräuter waschen, trocken schütteln, Blätter abzupfen und fein hacken. 200 g Schmant, 100 g Vollmilchjoghurt und die abgeriebene Schale von ½ Bio-Zitrone verrühren. Kräuter unterrühren. Mit Salz und Zucker würzen. 3 hart gekochte Eier pellen, halbieren und die Eigelbe herauslösen. Eiweiße fein hacken. Eigelbe durch ein Sieb zum Dip streichen und unterrühren. Eiweiße unterheben. Alles mit Salz und Pfeffer abschmecken. Passt zu gekochtem und gegrilltem Gemüse, Eiern, Rindfleisch, Steaks und Frikadellen.

Brotzeitdip 200 g Camembert fein würfeln. Mit 250 g Quark (20 %), 50 g weicher Butter und 1 TL Zitronensaft mit einer Gabel fein zerdrücken. Mit Salz, Pfeffer und edelsüßem Paprikapulver würzen. 2 Frühlingszwiebeln putzen, waschen und hacken. Dip mit Frühlingszwiebeln bestreuen.